Delilah Crowder

La Ley de la MANIFESTACIÓN
Acelerando las promesas de Dios en tu vida

Publicado por
DPC Ministries Enterprises Inc.
Derechos Reservados

©2013 por Delilah P. Crowder
Impreso en los Estados Unidos de America

Ninguna parte de esta publicación podrá ser reproducida, procesada en algún sistema que la pueda reproducir o transmitida por algún medio electrónico, mecánico, fotocopia, cinta magnetofónica u otro, excepto para breves citas en reseñas, con el permiso previo del autor.

Las citas bíblicas se tomaron de:
- Santa Biblia Versión Reina Valera 1960. ©1960 por la Sociedad Bíblica en América Latina.
- Nueva Versión Internacional (NVI). ©1999 por la Sociedad Bíblica en América Latina.

ISBN-13: 978-0615786025
ISBN-10: 0615786022

Edición y Corrección: Silvana Freddi
silvanafreddi@hotmail.com

Diseño de portada e interior: Karina Chavez
contacto@editorialimpakto.com.ar

CONTENIDO

Introducción	7
Capítulo I *Secretos de los antiguos*	19
Capítulo II *La ley de administración*	37
Capítulo III *La ley de dominio*	45
Capítulo IV *La ley de capacidad*	57
Capítulo V *La ley de presión*	67
Capítulo VI *La ley de multiplicación*	77
Capítulo VII *Poniendo intención*	89
Capítulo VIII *Seamos diligentes*	97
Capítulo IX *Activando el plan de Dios*	105
El proceso	113
Biografía	115

INTRODUCCIÓN

Delilah Crowder

En su mayoría, las promesas de Dios están ligadas a su plan y su propósito para nuestras vidas. Estas promesas también vienen a nosotros como parte del deseo de nuestro corazón. En el Salmo 37:4 leemos: *Deléitate asimismo en Jehová, y él te concederá las peticiones de tu corazón.*

Deleitarse significa tomar placer, encontrar satisfacción, envolverse, comprometerse, confiar en Dios. Se trata de escudriñar su Palabra y sumergirnos en su presencia. Una vez allí, inmersos en su presencia, donde nuestra voluntad está totalmente rendida a Él y nuestras vidas son completamente suyas, el Señor pone deseos en nuestros corazones que forman parte de su plan y sus promesas para nosotros.

Estas maravillosas promesas vienen directamente del corazón del Padre y podemos estar seguros de que, tarde o temprano, las veremos manifestadas en nuestras vidas. ¿Por qué? *Porque son promesas perfectas y con propósito.*

Este libro ha sido escrito con el propósito de ayudarte para que esas promesas hechas por Dios se manifiesten en tu vida. Una y otra vez, diversos pastores y ministros me comparten que muchas personas, en medio del pueblo de Dios, han perdido la esperanza de que las promesas divinas para sus vidas lleguen a cumplirse, ya que no obtienen victorias ni hay manifestación de grandes bendiciones para ellos y sus seres amados. Al igual que ellos, yo también he estado en esa situación donde se ha perdido la esperanza y, aunque no dudamos del poder de Dios y de su fidelidad, llegamos a la conclusión de que tales bendiciones pueden manifestarse en otros pero no en nosotros.

Estos individuos, entre los cuales posiblemente tú estés incluido, escuchan una y otra vez prédicas sobre el rompimiento inminente o la promesa que viene, pero nunca la ven llegar a sus vidas. Oran, ayunan, leen cuanto libro cristiano está a su alcance, escuchan cd's, ven dvd's… sin embargo, nada nuevo ocurre.

El problema no es que Dios no sea fiel a su Palabra o que haya pecado en la persona, aunque puede darse el caso; el problema radica en la falta de revelación y conocimiento y, en la mayoría de los casos, su aplicación en nuestras vidas.

Durante años, yo me encontré en esta misma condición, llena de frustración, y con total honestidad puedo decir que muchas veces perdí la esperanza. Pero gracias a la misericordia de Dios y con la ayuda del Espíritu Santo y mi perseverancia como la de la viuda de Lucas 18, el Señor me dio la revelación y las herramientas necesarias, las cuales han sido de gran ayuda para que las promesas que por tanto tiempo esperé se manifestaran en mi vida.

Quisiera compartir esas herramientas y esa revelación contigo en este libro. No solo voy a explicarte los parámetros bíblicos, sino que iré más allá y te brindaré las herramientas prácticas y claras que tú mismo serás capaz de implementar en tu diario vivir y en tu situación particular, para empezar a ver las promesas divinas manifestadas en tu vida.

Es necesario tener en cuenta que las promesas y las bendiciones de Dios se manifiestan en nuestras vidas a través de la revelación y el conocimiento, los cuales son ministrados a nosotros por el Espíritu Santo. En Génesis 12 Dios le dice a Abraham que lo iba a hacer grande y poderoso, que lo iba a bendecir a través de un conocimiento revelado (la Palabra Rema); y en el capítulo 13 nos encontramos con un Abraham que ya es un hombre rico y cuyas riquezas vinieron a través de la sabiduría y el entendimiento llevados a la acción.

Al final del mismo capítulo, Dios le promete a Abraham que le daría todo lo que sus ojos vieran, lo que él pudiera percibir por fe conforme al propósito divino. Todo esto vino a la vida de este hombre a través del conocimiento y de la revelación. Tú y yo debemos buscar este conocimiento y esta revelación y, una vez los hayamos recibido, debemos administrarlos para poder ver manifiestas las promesas de Dios en nuestras propias vidas. "Acción" es lo que precisamente, muchas veces, falta en nuestras vidas.

Leemos en 2 Corintios 1:20 que "todas las promesas de Dios son en Él Sí, y en Él Amén, *por medio de nosotros*, para la gloria de Dios." Nota que dice *por medio de nosotros*. Es a través de ti y a través de mí que estas promesas han de ser manifestadas. Muchas personas han obtenido la revelación y el conocimiento pero han fallado en la aplicación.

La estructura y los procesos que seguimos en nuestras vidas son los que determinan el tipo de resultado que vamos a obtener. El Reino de Dios se manifiesta en nosotros y a través de nosotros. El plan divino consiste en que el mundo vea tales bendiciones y promesas manifestadas en nuestras vidas porque, de esa manera, el nombre de Dios es glorificado.

Permíteme compartir un testimonio personal contigo. Un día, durante el verano del 2005, desperté en medio de la noche con la misma pregunta que me había hecho a mí misma y que le había hecho al Señor miles de veces: "¿Cuánto más tengo que esperar? ¿Cuándo veré manifiesta la promesa que me hiciste, Señor?". ¿Te resulta conocido?

Durante 17 años guardé en mi corazón una promesa que había recibido de parte del Señor y esperaba su manifestación la cual, según mi parecer, aún no se había manifestado. No estaba consciente, en aquel entonces, de que cada detalle de mi vida me acercaba más y más a ver manifiesta esa promesa. Fue en aquella noche que el Señor empezó a guiarme y a enseñarme, a través de un proceso necesario para que esa promesa que tanto había esperado se manifestara. Era una de las tantas fichas en el rompecabezas de lo que llamamos "el plan de Dios".

Es posible que, al igual que yo, tú hayas recibido una promesa de parte de Dios que todavía no has visto manifestarse. Y tal como me ocurrió a mí, te has sentido frustrado, desanimado y hasta desesperado en muchas ocasiones. Porque algo que he aprendido de parte de Dios es que, por lo regular, Él nunca nos dice "cuándo", "cómo" o "dónde".

Esto se puede comparar a cuando realizamos una compra en línea y recibimos un correo electrónico que nos dice que el paquete llegará de dos a tres semanas, sin darnos mayores especificaciones. ¿Qué hacemos entonces? Diariamente nos asomamos al balcón para ver si han dejado el paquete al pie de la puerta. En lo personal, yo prefiero recibir un número de seguimiento con el cual puedo entrar diariamente y saber dónde se encuentra mi paquete.

Lunes	5:00 am	Paquete registrado
Lunes	11:00 am	Jacksonville, Florida
Lunes	9:00 pm	Atlanta, Georgia
Martes	5:00 am	Gainesville (listo para entrega)

Aunque no vivo en la ciudad de Gainesville, este es el centro de distribución más cercano a mi casa; por ese motivo cuando veo que ya ha llegado allá, no me preocupo porque sé que antes del medio día Peter, quien ha sido nuestro mensajero por muchos años, estará tocando el timbre y con una gran sonrisa me pedirá mi firma antes de entregarme mi paquete y comentar sobre el estado del tiempo, entre otras cosas.

Cuán maravilloso sería que Dios nos diera un número de seguimiento con el cual pudiéramos verificar en qué lugar se halla nuestra promesa.

Lunes	5:00 am	Promesa registrada
Lunes	11:00 am	Tercer cielo
Martes	9:00 am	Segundo cielo
Martes	5:00 pm	Primer cielo
		(lista para entrega)

¿No es emocionante también cuando el número de seguimiento nos indica que llegará el martes, pero en realidad llega antes del tiempo especificado?

En el capítulo 10 del libro de Daniel, encontramos al profeta recibiendo *su paquete* de parte del ángel. Este último le hace saber que hubo una tardanza debido a la oposición que se presentó. Qué pena que Daniel no tuvo un número de seguimiento para poder saber que su paquete no iba a llegar en el tiempo programado. Pero al igual que él, nosotros podemos tener la certeza de que nuestra promesa viene en camino y llegará en el tiempo ya determinado de parte de Dios.

Nota que el ángel le dijo que, ya el primer día en que Daniel se dispuso en su corazón a humillarse en la presencia de Dios, él salió con su respuesta. Daniel no se quedó en casa llorando o cruzado de brazos, sino que hizo la parte que le correspondía para poder recibir su promesa.

Podemos decir que nuestra relación con Dios se asemeja a un consorcio, en cuanto a promesas se refiere: Él hace su parte y nosotros la nuestra. Si no hay cooperación o participación de parte de nosotros, tales promesas no se manifestarán.

Recuerda que 2 Corintios 1:20 nos dice que "todas las promesas de Dios son en Él Sí, y en Él Amén, *por medio de nosotros*, para la gloria de Dios". *Todas*, no algunas, *todas* las promesas divinas, sin importar cuán grandes sean, su cantidad o cuán lejos estén, solo se manifiestan a través de nosotros por medio de un conocimiento revelado llevado a la acción.

Por lo general, siempre hacemos énfasis en la primera parte de este versículo donde vemos, una vez más, la fidelidad de Dios y se nos dice que sin lugar a duda, verdaderamente y con certeza, todas sus promesas han de cumplirse. Pero nos olvidamos del segundo ingrediente o participante en todo este asunto: nosotros mismos.

En las siguientes páginas, analizaremos en detalle no solo nuestra responsabilidad para que las promesas que hemos recibido de Dios se manifiesten, sino que además aprenderemos los pasos que necesitamos seguir para que ello ocurra. Te compartiré lo que debes hacer, día a día, para ser testigo de la manifestación de la promesa.

Podemos compararlo con una mujer embarazada. Aunque ella solo ha visto una imagen de su bebe, no lo ha visto cara a cara, se prepara durante nueve meses para la llegada de su hijo. Compra la cuna, pinta la habitación, se alimenta y se ejercita para que su criatura nazca fuerte y saludable. De igual manera, nosotros debemos prepararnos y establecer los medios necesarios para que la promesa que Dios nos hizo, y aún no hemos visto, se manifieste.

En Génesis 6:17-18 encontramos a Dios dándole una promesa a Noé: *He aquí que yo traigo un diluvio de aguas sobre la tierra, para destruir toda carne en que haya espíritu de vida debajo del cielo; todo lo que hay en la tierra morirá. Mas estableceré mi pacto contigo, y entrarás en el arca tú, tus hijos, tu mujer, y las mujeres de tus hijos contigo.* En los versículos anteriores, vemos claramente como Dios le promete a Noé salvarlo junto con toda su familia. Sin embargo, si vamos al versículo 14, podemos leer las instrucciones específicas que el Señor le dio a Noé para que esta promesa se manifestara: *Hazte un arca de madera de gofer.*

Una vez más, vemos que para que las promesas de parte de Dios sean manifiestas en nuestras vidas hay una parte que tú y yo debemos hacer.

En aquella noche del 2005, el Señor me dijo: "Levántate, sécate las lágrimas y te mostraré"; a María Magdalena le dijo: "¿Por qué lloras?... ve y diles". ¡Es hora de levantarnos y poner en acción el plan de Dios para nuestras vidas!

Delilah Crowder

CAPÍTULO 1

EL SECRETO DE LOS ANTIGUOS

…que por fe conquistaron reinos, hicieron justicia, alcanzaron promesas…
Hebreos 11:33

Delilah Crowder

Debemos dar gloria a Dios porque sus hijos han alcanzado un gran nivel de fe. Muchos de ellos han echado mano de lo sobrenatural, han creído en las promesas del Señor e, incluso, han llegado a guerrear por ellas en el mundo espiritual. Pero, tristemente, por falta de conocimiento y administración, al igual que el pueblo de Israel, también muchos han perdido tales promesas cuando estaban a punto de obtenerlas.

Todos sabemos que la falta de fe, acompañada del temor, trajo como resultado que el pueblo judío no viera manifestarse las promesas de Dios en la primera ocasión en la que se encontraron frente a la Tierra Prometida. Pero me atrevería a añadir que la mentalidad de alcanzar todo con facilidad también contribuyó a ello.

Y al igual que los israelitas, muchas personas han confundido las promesas y las bendiciones de Dios como algo fácil de obtener. No me mal interpretes, creo firmemente que a nuestro Señor le place el bendecir a sus hijos, algo que he visto suceder en innumerables ocasiones, no solo en mi vida sino en la vida de muchas otras personas.

El punto que quiero tratar aquí lo mencioné en la introducción: *las bendiciones divinas se manifiestan cuando trabajamos en cooperación con Dios.*

En el capítulo 11 de Hebreos encontramos lo que muchos denominan la "Sala de la Fe". Aquí vemos hombres y mujeres que alcanzaron lo prometido y caminaron en la bendición de Dios. La pregunta a hacernos sería: ¿cómo lo lograron?

Después de leer sobre Abraham, Rahab y Gedeón, encontramos en el versículo 33 unas verdades reveladas de cómo estos hombres y mujeres alcanzaron lo prometido: *...los cuales por la fe conquistaron reinos, hicieron justicia y alcanzaron lo prometido.* ¿Qué hicieron? Número uno, *conquistaron reinos,* número dos, *hicieron justicia* y por último, *alcanzaron lo prometido.*

Estos grandes hombres y mujeres de fe alcanzaron lo prometido a través de un proceso, el cual conllevó ejercer fe, conquistar, administrar y, en última instancia, aplicar justicia. Cada uno de estos pasos fue necesario para que ellos pudieran alcanzar la promesa.

El problema radica en que nosotros hacemos bien lo primero y lo segundo, que es ejercer fe y conquistar, pero tenemos mucho que aprender en lo que se refiere a la administración y la aplicación, porque sin ellas no veremos las promesas de Dios manifestarse en nuestras vidas.

POR FE

En Génesis 1:26 leemos: *Entonces dijo Dios: Hagamos al hombre a nuestra imagen, conforme a nuestra semejanza; y señoree*...; más adelante en Hebreos 2:7-8 dice: *Y le pusiste sobre las obras de tus manos; todo lo sujetaste bajo sus pies.* Dios ha dado un dominio o un territorio tanto al hombre como a la mujer aquí en la Tierra.

Esto lo podemos comparar con el arrendamiento de un departamento, donde yo soy la dueña pero a través de un contrato le doy a otra persona el derecho legal de ocuparlo. Mientras esa persona cumpla con los requisitos de dicho contrato, tendrá la autoridad en ese departamento. Si el aire acondicionado se daña o la tubería se tapa, tiene que comunicarse conmigo y darme permiso para poder entrar y reparar lo que está dañado. De igual manera, Dios nos ha dado dominio legal de un territorio específico, ya sea tu casa, tu familia, tu carrera profesional, tu negocio o tu ministerio.

Esta ley espiritual establece parámetros por los cuales deben regirse el mundo natural y el espiritual. Tú y yo tenemos el derecho legal aquí en la tierra, es por eso que oramos y le damos autoridad a lo espiritual para trabajar a beneficio de nosotros. Por tal motivo, sin la oración de fe no podemos ver ninguna manifestación. Esta oración de fe es el medio por el cual Dios se puede manifestar en el mundo natural y es lo que llamamos "estar en acuerdo" aquí en la tierra con lo sobrenatural. Cuando nuestra voluntad se une a la de Dios se produce la conexión y lo sobrenatural se manifiesta en lo natural.

El Apóstol Pablo escribe en Romanos 10:10: *Porque con el corazón se cree para justicia, pero con la boca se confiesa para salvación.* En otras palabras, cuando creemos se manifiesta la justicia (somos trasladados, cambiamos de posición y tomamos acción), nuestro corazón cree cuando le damos autoridad legal a lo sobrenatural. En segundo lugar, vemos aquí que *con nuestra boca confesamos para salvación* (liberación).

De la misma manera, todo lo que recibimos de parte de Dios procede de esta misma ley espiritual que consiste primeramente en creer y luego en confesar, delegando así autoridad legal a lo espiritual para que se manifieste en lo natural y podamos ver manifestadas las promesas divinas.

Un ejemplo de esto es cuando recibimos una Palabra Rema, o revelada, a través de un mensaje o estudio de prosperidad. Primeramente tú crees, aceptas esa palabra en tu corazón; en segundo lugar, confiesas, ya sea por palabra o por obras en diezmos y ofrendas dando autoridad legal a Dios.

Entonces la salvación llega. Esto no es otra cosa que el ser libre de lo que te ataba financieramente. Es por ello que Proverbios 18:21 nos dice: *En la lengua hay poder de vida y muerte.* Todo lo que recibimos de parte del Señor se mueve en esta ley espiritual de creer, confesar y recibir. Todo fluye desde nuestro corazón, esa es la conexión con el Reino de los Cielos.

El problema surge cuando la persona no ve lo que Dios ve, sino que ve pobreza, enfermedad, fracaso, no se ve como un triunfador ni como alguien próspero. Dios nos ha capacitado con la habilidad de cambiar lo que vemos a través de nuestra fe. Ahora, regresemos a Hebreos 11:33 donde veremos que no porque tú simplemente creas, las cosas han de suceder.

CONQUISTARON

Se nos dice que *por fe conquistaron reinos.* Conquistar nos habla de trabajar, imponer fuerza, tomar dominio. Para que tú y yo podamos conquistar las bendiciones y las promesas de Dios, tenemos que adquirir conocimiento de la materia o el asunto a conquistar, tomar poder de esta y, por último, utilizar tal conocimiento para nuestro beneficio.

El autor de Hebreos menciona a Abel como parte de esos grandes hombres y mujeres que por fe conquistaron, administraron justicia y obtuvieron lo prometido. Sin embargo, si vamos a Génesis 4 no podemos saber en qué momento Abel adquirió conocimiento de los requisitos necesarios para el sacrificio; pero el hecho de que halló gracia delante de Dios nos da a entender que él se preocupó y tomó el tiempo necesario para adquirir tal conocimiento.

Más adelante encontramos a Noé quien adquirió conocimiento de cómo construir el arca, y lo aplicó haciendo que se salvaran él y toda su familia. En ambos casos, el primer paso después de recibir la promesa fue adquirir conocimiento.

Las bendiciones de Dios vienen a nosotros a través de una Palabra Rema, es decir, del conocimiento revelado. En Oseas 4:6 aprendemos que la falta de conocimiento trae destrucción. En el libro de los Proverbios se nos exhorta, una y otra vez, a adquirir sabiduría y a guardarla como un tesoro.

En la Epístola de Santiago, capítulo 1, versículo 5, se nos exhorta a que pidamos a Dios sabiduría, porque Él nos la dará en abundancia y sin reproche.

Este versículo no se refiere únicamente a sabiduría de las cosas espirituales sino también a sabiduría en toda ciencia, administración y conocimiento práctico del diario vivir, entre otras cosas.

A fin de que tú y yo alcancemos las promesas de Dios, debemos adquirir conocimiento. Si la promesa recibida es en el área de la salud, es nuestra responsabilidad estudiar y escudriñar las Escrituras al respecto.

Pero no podemos detenernos ahí, debemos averiguar además qué dice la ciencia y los nutricionistas en referencia a nuestra condición; y luego empezar a hacer las modificaciones necesarias en nuestra dieta y estilo de vida.

Si la promesa es en el área de los negocios, es menester que nos preparemos adquiriendo mejores destrezas en lo laboral, que estudiemos el mercado, que conozcamos aquello que el cliente desea y quién es nuestra competencia.

El problema de mucha gente es que se quedan sentados en espera de que Dios haga todo el trabajo por ellos. La culpa de dicha actitud la tenemos nosotros, los líderes, que constantemente le decimos al pueblo de Dios: "El Señor te va a bendecir", "Dios va a traer la bendición".

Y aunque existe una gran cuota de verdad en lo que decimos y enseñamos, es responsabilidad de cada individuo el cumplir con su parte en el consorcio.

Recuerda lo que dice 2 Corintios 1:20: ... *todas las promesas de Dios son en Él Sí, y en Él Amén, por medio de nosotros, para la gloria de Dios.*

En otras palabras, Dios hace su parte y nosotros hacemos la nuestra. Abel y Noé no solo obtuvieron conocimiento, sino que también aplicaron el conocimiento recibido para su beneficio. Esto nos lleva al tercer punto que se encuentra en Hebreos 11:33.

ADMINISTRARON

En Hebreos 11:33 vemos que después de accionar su fe y de la conquista, "hicieron justicia". En otra versión dice que "administraron justicia". Los términos hacer o administrar nos hablan de acción. Y acción es lo que falta muchas veces en el pueblo de Dios.

En Proverbios 13:4 leemos: *El alma del perezoso desea, y nada alcanza.* Te pregunto: ¿qué estás haciendo tú para que la promesa de Dios se lleve a cabo? Muchos responderían a esto: "Bueno, estoy orando, estoy ayunando, estoy sembrando o estoy declarando."

Todo eso es bueno y necesario, pero lo que hacemos después del ayuno y la oración influye grandemente y es una parte determinante de la manifestación de las promesas divinas.

El enseñar y poder ser de bendición al pueblo de Dios a través de estos libros es una promesa que recibí de parte de Dios, y que hoy día puedo ver manifestada en mi vida. Sin embargo, para que tú tengas este libro en tus manos hoy, no solo oré, ayuné y declaré la Palabra, sino que eché manos a la obra primeramente poniendo mis ideas en orden, y luego buscando revelación, inspiración e información.

También pasé largas horas delante del computador, luego se obtuvieron los permisos y derechos legales, el manuscrito fue entregado a la editora y se trabajó en el arte gráfico y en un sin número de procedimientos que hicieron posible que tú tengas esta obra en tus manos hoy.

Santiago 2:17 nos dice que *la fe sin obras es muerta*. Si volvemos a mirar a Abel en Hebreos 11, vemos que por fe el *ofreció* más excelente sacrificio que Caín. Noé por fe *preparó* el arca. Y Abraham por fe *salió* de en medio de su tierra y su parentela.

Cada una de estas historias bíblicas nos habla de acción de parte de aquellos que recibieron la promesa. Nuevamente repito 2 Corintios 1:20 donde se nos dice que *todas las promesas de Dios son en Él Sí, y en Él Amén, por medio de nosotros*. Posiblemente, lo que nos falta para que una promesa se manifieste es el *por medio de nosotros.*

En Josué 18:3, el líder desafió al pueblo que había entrado a la Tierra Prometida con estas palabras: *¿Hasta cuándo van a esperar para tomar posesión del territorio que les otorgó el Señor, Dios de sus antepasados?*

Pero Josué no se detuvo ahí sino que en los siguientes versículos les dio instrucciones muy específicas de lo que debían hacer:

El plan

#1 *Nombren a tres hombres de cada tribu para que yo los envíe a reconocer las tierras.*

#2 *...y que hagan por escrito una reseña de cada territorio.*

#3 *A su regreso, dividan el resto del país en siete partes.*

#4 *Judá mantendrá sus territorios en el sur, y los descendientes de José, en el norte.*

#5 *Cuando hayan terminado la descripción de las siete regiones, tráiganmela.*

#6 *...y yo las asignaré.*

Como vemos, todas las promesas que Dios le hizo al pueblo de Israel se manifestaron cuando ellos, bajo la dirección de Josué, se levantaron y estratégicamente tomaron posesión de esta.

JUSTICIA

La palabra justicia la podemos definir en esta ocasión como integridad y el hacer las cosas correctamente. Algo íntegro es algo que no está alterado ni dañado. Como hijos de Dios estamos llamados a caminar en integridad de espíritu en cada área de nuestras vidas. Si no somos íntegros con nuestra pareja, la promesa de un hogar feliz no se manifestará en nuestras vidas.

Si engañamos a nuestros clientes, nuestros negocios no crecerán. Si estamos esperando que se manifieste la promesa de prosperidad en nuestras vidas, pero no somos íntegros en nuestras finanzas y mentimos en nuestra declaración de impuestos, no les pagamos a nuestros acreedores o somos malos mayordomos, esta no llegará nunca a manifestarse.

Una escritura que me repito a mí misma, en caso de confrontación o desacuerdo con otra persona, se encuentra en Mateo 26:22 donde los discípulos después de que Jesús anunciara que uno de ellos iba a traicionarlo le preguntaron: *¿Soy yo,*

Señor? ¿Acaso seré yo, Señor, la que está caminando sin integridad? ¿Soy yo, Señor, la que está actuando incorrectamente?

En el pasado, aun después de venir a los caminos del Señor, cometí muchos actos que estaban muy lejos de la integridad. Acciones de las cuales no estoy orgullosa pero que me enseñaron una gran lección, y de las cuales me he arrepentido y he sido perdonada por la gracia de Dios. Es por ello que, hoy día, camino consciente de mis acciones, guardando mi salvación con temor y temblor.

Recordemos que *un poco de levadura leuda toda la masa.* Incluso ciertas acciones que consideramos inocentes o pequeñas pueden estar alterando o atrasando la manifestación de las promesas divinas.

Esto que digo no lo encontré en un libro ni me lo contó otra persona, sino que a través de mis propias experiencias puedo testificar que mientras haya pecado, mentira y falta de integridad en nuestras vidas, las promesas de Dios no se manifestarán. Al mirar hacia atrás hoy, puedo ver que fue mi falta de integridad, de hacer las cosas correctamente, la que obstruyó y atrasó mi bendición. Es hora de que nos juzguemos a nosotros mismos para que no seamos juzgados.

En el capítulo 7 de Josué, vemos como el pecado escondido de Acán y su falta de integridad provocaron que el pueblo de Israel fuera derrotado delante de sus enemigos, y que estos no avanzaran para tomar posesión de la tierra que Dios les había prometido. Aprendamos de los antiguos, de aquello que nos enseñan en Hebreos 11:33: *solo en justicia, en integridad de espíritu y acciones, seremos capaces de conquistar reinos y alcanzar lo prometido.*

ALCANZARON

Regresemos a Hebreos 11:33 donde se nos dice que *por la fe conquistaron reinos, hicieron justicia y alcanzaron lo prometido.* ¿Puedes ver ahora tú claramente el proceso?

- *Fe*
- *Conquista*
- *Administración*
- *Justicia*

Cada paso era necesario para poder alcanzar lo que Dios les había prometido. Y de igual manera, si tú y yo queremos alcanzar las promesas divinas necesitamos activar estas leyes espirituales.

En mi libro *La Ley de la Siembra y la Cosecha* llevo al lector de la mano, paso a paso, a través del proceso del cultivo y la manera en que cada uno de los instrumentos y los pasos del agricultor nos enseñan leyes espirituales que son necesarias para que las promesas de prosperidad financiera se manifiesten en nuestras vidas.

La Palabra de Dios está repleta de leyes espirituales que deben ser cumplidas para que las bendiciones se manifiesten en nuestras vidas. Tú no puedes funcionar en los Estados Unidos bajo leyes mexicanas, y viceversa.

Durante unas vacaciones en la ciudad de Dubái, mi esposo y yo estábamos sentados en el tren camino a uno de los centros comerciales cuando de repente se nos presentó un oficial que cortésmente nos pidió que bajáramos del tren. Una vez en la estación, fuimos escoltados hasta un área privada donde se nos indicó que nos estaban aplicando una multa de $30 dólares a cada uno porque estábamos mascando una goma, lo cual estaba prohibido dentro del tren. Aunque no había letreros que indicaran dicha prohibición de mascar goma (lo que mi esposo le insistió al oficial y continuó repitiendo el resto de nuestras vacaciones), aparentemente esto caía bajo la categoría de comida.

Mi esposo, muy disgustado como se podrán imaginar, pagó la multa que se convirtió para nosotros ¡en la goma de mascar más cara del mundo!

Como puedes ver, el hecho que no estuviéramos conscientes de tal ley no nos libró de pagar la multa. De igual manera, en el mundo espiritual hay leyes establecidas que se encuentran en operación, las conozcamos o no.

Tú no verás manifestadas tus promesas si no aplicas las leyes ya establecidas por Dios. Es por ello que en Juan 8:31-32 Jesús nos exhorta: *Si vosotros permaneciereis en mi palabra, seréis verdaderamente mis discípulos; y conoceréis la verdad, y la verdad os hará libres.*

Tengamos presente que Jesús le estaba hablando a judíos que habían creído, creyentes como tú y como yo. El Señor nos dice, a través del Apóstol Juan, que la verdad, ese conocimiento revelado concerniente a un asunto en particular en nuestras vidas, nos hará libres.

El conocimiento revelado cambia de individuo a individuo y de situación a situación. Sin embargo, quisiera añadir que para que esa libertad se manifieste totalmente en nuestras vidas tenemos que aplicar el conocimiento que recibimos con respecto a nuestra situación. En otras palabras, "sin aplicación de la revelación no hay manifestación".

En la Carta a los Hebreos, Dios nos dejó un mapa el cual nos indica los pasos a seguir para llegar a ver la promesa de Dios manifestarse en nuestras vidas. Hasta ahora hemos mirado este mapa en forma de satélite, solo desde lejos, pero en los siguientes capítulos lo veremos más de cerca.

También revelaremos las leyes espirituales y naturales que traerán a manifestación su bendición y su promesa.

CAPÍTULO 2

LA LEY DE ADMINISTRACIÓN

*Ahora bien, se requiere de los administradores,
que cada uno sea hallado fiel.*
1 Corintios 4:2

Delilah Crowder

La administración es la capacidad que Dios nos otorga para que podamos tomar decisiones y seguir una dirección que va a producir beneficios en nuestras vidas.

Esto incluye la capacidad de organizar información, personas, cosas, finanzas, etc. A través de la administración, podemos observar y utilizar detalles para solucionar problemas y alcanzar nuestras metas o una determinada visión. Si tú estudias detenidamente los libros de Números, Levítico y Deuteronomio, observarás cómo el Señor es un Dios de orden, el cual toma gran atención en los detalles. Aun en 1 Corintios 14:40 se nos exhorta a hacer todo *decentemente y en orden*.

Durante su ministerio terrenal, Jesucristo administró y organizó su ministerio primeramente seleccionando un círculo íntimo de tres discípulos, doce apóstoles y, entre todos ellos, un tesorero; también otros setenta discípulos, los cuales eran enviados de dos en dos delante de Él para promover sus campañas evangelísticas.

La Palabra de Dios menciona en 1 Corintios 12:28, la administración como un don; y aunque no todos tenemos el don de administración o un título universitario en esa rama, todos tenemos la capacidad para implantar la administración en nuestras vidas. Sin administración, nuestras vidas, nuestros ministerios y nuestras empresas serían un verdadero desastre. A la iglesia se le ha enseñando, por mucho tiempo, que las bendiciones y las promesas del Señor van a venir de repente y, aunque hay cierta verdad en ello, lo cierto es que sin administración no hay manifestación.

En el capítulo 41 de Génesis, encontramos la historia de José. Allí podemos ver elementos administrativos indispensables para la manifestación de las promesas de Dios en nuestras vidas. Un punto a considerar es el significado del nombre José el cual es "Dios salva".

También encontramos a Egipto como tipo del mundo y a José con la casa de Jacob como tipos de Jesucristo y de su plan de salvación para la humanidad. En esta historia bíblica, se nos dice que Faraón tuvo un sueño y no hubo persona que pudiera interpretarlo, hasta que llamaron a José y, a través de la revelación del Espíritu, trajo la interpretación que se trató de las instrucciones y el plan administrativo presentado por él bajo la dirección de Dios.

El plan

#1 Por todo esto, el faraón debería buscar un hombre competente y sabio, para que se haga cargo de la tierra de Egipto.

#2 *Además, el faraón debería nombrar inspectores en todo Egipto.*

#3 *Durante los siete años de abundancia recauden la quinta parte de la cosecha en todo el país.*

#4 *Bajo el control del faraón, esos inspectores deberán: juntar el grano de los años buenos que vienen.*

#5 *Almacenarlo en las ciudades, para que haya una reserva de alimento.*

#6 *Este alimento almacenado le servirá a Egipto para los siete años de hambre que sufrirá, y así la gente del país no morirá de hambre.*

José era un administrador y Egipto, las regiones vecinas e incluso la casa de Jacob sobrevivieron en medio de un tiempo de hambre, sequía y recesión económica. ¿Por qué? Porque después de recibir una palabra de revelación se movieron dirigidos por José quien no solo tenía el don de palabra de ciencia y sabiduría, sino también el don de administración.

Fue este don de administración lo que lo colocó en gracia en la casa de Potifar, e incluso durante el tiempo que pasó en la cárcel. Nosotros no tenemos que tener los dones de ciencia, sabiduría y administración como José para poder administrar, pero dirigidos por el Espíritu Santo y con información y recursos podemos administrar lo que ya tenemos en nuestras manos, para que de esta manera las promesas de Dios se manifiesten en nuestras vidas.

Tú y yo no podemos ocupar lo que no podemos administrar. Lo podemos conquistar, pero lo perderemos rápidamente si no lo sabemos administrar. Uno puede ser dueño del sembrado y tener una gran cosecha, pero si no la administra sabiamente no podrá disfrutar de los resultados esperados, ni mucho menos de sus beneficios.

En mi libro *La Ley de la Siembra y la Cosecha*, dedico un capítulo completo para explicar cómo el sembrador después de que ha sembrado y cultivado la semilla, administra el fruto para poder entonces disfrutar de los beneficios de esa siembra.

En su mayoría, el pueblo de Dios tiene un conocimiento vasto sobre la ley de la siembra y la cosecha, pero sin embargo se olvidan de que para sembrar hay que preparar el terreno, seleccionar el tipo de semilla, cuidar el cultivo, recoger y trillar el fruto y muchas otras cosas antes de poder ver la promesa divina de prosperidad manifiesta.

Dios puede cumplir la promesa de ese esposo o esa esposa, pero si no hay buena administración, la bendición se puede perder. Si diariamente no hay sometimiento, amor, respeto, comunicación y trabajo en equipo, la relación llegará a su fin. Tú puedes llegar a ser el dueño de tu propio negocio, pero si diariamente no estableces un proceso administrativo pronto estarás cerrando sus puertas.

PROCESO DE ADMINISTRACIÓN

En este punto, no es mi intención que nadie se sienta abrumado, o confundido, preguntándose cómo ha de establecer un plan estratégico o administrativo. Ese plan estratégico y administrativo te será dado a través del Espíritu Santo, conforme sea necesario para que esa promesa se manifieste en tu vida.

Además, la Palabra de Dios está llena de instrucciones que, juntamente con direcciones personales y particulares de parte del Espíritu Santo y otros conocimientos adquiridos, tú podrás aplicar para obtener la victoria y ver la manifestación de tu promesa o tu bendición. Lo importante es que tú tengas presente el hecho de que sin administración no hay manifestación.

En Isaías 54:2 encontramos lo que yo llamo el "proceso de manifestación". En el versículo 1 se exhorta a la mujer a que se regocije aunque no ha visto la bendición todavía. En el mismo versículo, se le profetisa la primera parte de la promesa, pero en el versículo 2 se le da indicaciones específicas, las cuales ella tiene que seguir para poder alcanzar esa promesa. Son estas especificaciones las que yo llamo el "proceso de manifestación" y que me gustaría me acompañaras a estudiar en detalle en los siguientes capítulos.

Una vez que tú aprendas este proceso y comiences a aplicarlo en tu vida diaria, serás testigo de cambios dramáticos y maravillosos en tu vida que te conducirán a alcanzar las promesas y las bendiciones de Dios.

CAPÍTULO 3

LA LEY DE DOMINIO

Ensancha el sitio de tu tienda…
Isaías 54:2

Delilah Crowder

Tú y yo hemos sido creados para ser hombres y mujeres más que vencedores, conquistadores, que realizan, día a día y con la ayuda de Dios, aun lo que parece imposible. El Señor nos ha capacitado para vivir vidas victoriosas y bendecidas.

No me mal interpretes, no estoy diciendo que nunca tendrás adversidades, pero es lo que hacemos durante esos tiempos difíciles lo que determina si veremos las bendiciones y las promesas de Dios manifestadas en nuestras vidas.

Ten presente que no hay victoria sin batalla ni triunfo sin esfuerzo. A través de las Escrituras, encontramos instrucciones claras para alcanzar esas victorias y esas bendiciones. Lamentablemente no podremos alcanzarlas si no tomamos dominio de nuestro territorio.

En Isaías 54:2, la primera instrucción que recibimos es ensanchar el sitio de nuestra tienda. Tu tienda es tu *territorio* o *dominio*. Cuando hablamos de ensancharnos, nos referimos a extendernos, a crecer, a desarrollarnos en todas las áreas de nuestras vidas, o en aquellas áreas específicas a las cuales Dios nos está llamando.

Extendernos significa también entrar en una intimidad más profunda con Dios, adquirir más conocimiento de su Palabra y subir a mayores alturas espirituales con Él. A través del profeta Isaías, Dios nos llama a extender nuestro dominio.

El dominio es aquello que es legalmente tuyo, el territorio que Dios ha puesto en tus manos y que tienes autoridad para mantener y controlar, ya sea en lo espiritual o en lo natural. Tu dominio incluye tu casa, tu trabajo, tu negocio, tu ministerio, tus emociones y tu dinero, entre otras cosas. Es todo lo que en estos momentos puedes ver, manejar y poseer.

Lo primero que se nos llama a hacer bajo la ley de dominio es a detenernos, analizar y estudiar. Se nos exhorta a que hagamos un inventario de nuestro territorio o dominio. Muchas veces, estamos tan enfocados en el futuro, a dónde queremos llegar y lo que queremos alcanzar, que nos encontramos constantemente corriendo como si el tiempo se nos fuera a acabar.

De esta manera, no apreciamos lo que tenemos en las manos o la etapa que estamos viviendo. Aunque es cierto que debemos ser visionarios y soñadores, Dios nos está llamando en este tiempo a tomar en cuenta nuestro territorio o dominio. Él desea que disfrutemos de nuestra pareja, de nuestros hijos o de la libertad de moverte sin límites si eres soltero. Que saboreemos los pequeños comienzos de nuestro negocio o nuestro ministerio.

Que tengamos muy presente que hay un tiempo para todo, tiempo para intentar y tiempo para desistir, tiempo para trabajar y tiempo para jugar. En lo personal, yo soy muy visionaria y siempre tengo un proyecto en el cual estoy trabajando, pero gracias a Dios tengo a mi esposo que, aunque es un hombre muy trabajador y disciplinado, le gusta divertirse y hacer payasadas de vez en cuando, lo cual me ha ayudado a mantener un balance.

Antes de manifestar sus promesas y sus bendiciones en nuestras vidas, Dios quiere que tomemos total control de lo que hoy tenemos en las manos. Los límites de nuestros dominios pueden cambiar y tenemos la capacidad y la autoridad para hacerlo, dependiendo del propósito divino para nuestras vidas y cuán capacitados estemos para ello. Sin embargo, no es hasta que tomamos control de lo que tenemos en nuestras manos en este momento que Dios comienza a añadir más.

En Deuteronomio 7:22 leemos: *Jehová tu Dios expulsará estas naciones de delante de ti, poco a poco. No podrás exterminarlas de inmediato, no sea que los animales del campo se multipliquen contra ti.* Poco a poco las bendiciones llegan a nuestras vidas. Poco a poco alcanzamos las victorias y vemos las promesas de Dios manifestarse en nuestras vidas.

CAMBIA LA VISIÓN

El segundo paso en la ley de dominio consiste en tener una visión clara de la promesa de Dios, nuestros sueños o metas.

Lamentablemente no podemos dominar lo que no vemos. Te pregunto: ¿qué es lo que estás viendo?

En Génesis 13:14-17 leemos lo siguiente: *Y Jehová dijo a Abram, después que Lot se apartó de él: Alza ahora tus ojos, y mira desde el lugar donde estás hacia el norte y el sur, y al oriente y al occidente. Porque toda la tierra que ves, la daré a ti y a tu descendencia para siempre. Y haré tu descendencia como el polvo de la tierra; que si alguno puede contar el polvo de la tierra, también tu descendencia será contada. Levántate, ve por la tierra a lo largo de ella y a su ancho; porque a ti la daré.* En este pasaje vemos a Abraham recibiendo la promesa de parte de Dios, solo que ella está ligada a su propia capacidad de visión.

Solo tú puede determinar el tamaño de tu bendición. *Si la puedes ver, la puedes recibir, si la puedes ver, la puedes conquistar.* Te vuelvo a preguntar: ¿qué es lo que estás viendo?; ¿cuál es el tamaño de tu visión o de tu promesa?; ¿a dónde quieres llegar?; ¿qué deseas alcanzar?

Si miramos un poco más de cerca estos versículos, estos nos muestran dos elementos necesarios a la hora de ver las promesas de Dios manifestarse en nuestras vidas.

En el versículo 14 dice: *Levanta ahora tus ojos;* lo primero que debemos hacer es verlo. En el mundo de los negocios, la visión y la misión de una empresa son muy importantes ya que estas dejan saber al mundo alrededor cuál es el propósito de la compañía; también ayudan a los administradores y a los empleados a mantenerse enfocados en sus metas principales.

De igual manera, cuando tenemos una visión clara de lo que deseamos lograr, es esta la que nos brinda dirección. No se trata simplemente de orar a Dios y decirle que nos bendiga. Necesitamos ser muy claros en lo que pedimos. La Epístola de Santiago nos dice en el capítulo 4, versículo 3 que *pedimos y no recibimos, porque pedimos mal.*

De vuelta a Génesis 13, en el versículo 17 vemos que caminar es el segundo paso para establecer dominio. *Levántate, recorre.* Aunque Dios había hecho la promesa, era necesario que Abraham se levantara e hiciera la parte que le correspondía a él. Tienes que verlo y caminar, accionar en ello. Nuevamente, ¿qué es lo que estás viendo? Proverbios 29:18 dice que *sin visión el pueblo perece.*

ENSÁNCHATE

En Isaías 54:2 recibimos instrucciones de *ensanchar el sitio de* (nuestra) *tienda*, nuestro territorio o dominio. Este es el tercer paso bajo la ley de dominio. Todos tenemos la habilidad de expansión. Génesis 1:28 lo expresa claramente: *Fructificad y multiplicaos; llenad la tierra...* Pero para que nosotros podamos llegar al próximo nivel de bendición, el primer paso a seguir es cambiar lo que estamos haciendo.

Sin cambio no hay avance. El cambio viene cuando analizamos la situación actual y reajustamos la estructura. Si un hombre o una mujer de negocios desea ver más productividad, lo primero que debe hacer es analizar y reajustar la estructura; en el caso de un hogar en crisis, lo primero que se debe hacer es detenerse y analizar la situación o el problema y luego realizar los cambios necesarios para mejorar la relación.

Posiblemente, el problema radica en la falta de comunicación en la pareja, o la calidad del tiempo que comparten juntos. En este caso, ambos tienen que llegar a un acuerdo, guiados por el Espíritu Santo, con consejería y otros recursos. Lo que debes tener presente es que el cambio, o la bendición, no van a llegar de la nada. Tenemos que tomar responsabilidad y hacer todo aquello que esté de nuestra parte.

Muchas mujeres llevan años orando por sus esposos y sus familias, en espera de un rompimiento o de que lleguen bendiciones a sus vidas, cuando la solución ya Dios la ha puesto en sus manos. Ellas tienen la autoridad.

Sus hogares y sus matrimonios son parte de su territorio y dominio, solo tienen que accionar y hacer cambios en ellas mismas primeramente, y luego en la situación. *Todo problema tiene solución, Dios nos promete que juntamente con la prueba Él nos dará la salida.* Él te da la salida, pero eres tú el que tiene que levantarse y caminar hacia ella. ¿Te acuerdas lo que hablamos anteriormente del consorcio? Tú haces tu parte, y Dios hará la de Él.

Otro tipo de personas que solemos ver son aquellas que desean que el propósito de Dios en sus vidas y los triunfos lleguen de repente, sorprendiéndoles, como caídos del cielo. Y aunque Dios es todopoderoso y puede hacer milagros, esto no es lo que vemos en nuestro diario vivir. Porque el propósito del Señor es tener hijos victoriosos, poderosos y capacitados que sepan ejercer su autoridad y que, sin temor, tomen control de sus territorios y dominios. Él no quiere hijos malcriados que reciban todo sin esfuerzo o trabajo.

A esta altura de la lectura de este libro, ya te habrás dado cuenta de que la cosa no es tan fácil como muchos dicen. El evangelio de Jesucristo, las promesas y las bendiciones de Dios son para valientes, hombres y mujeres dispuestos a arrebatar el Reino de Dios, cueste lo que cueste.

Si tú tuvieras la oportunidad de hablar con cada una de las personas, hombres y mujeres ministros que han alcanzado algún nivel de victoria ministerial, ellos te dirían que el triunfo les costó trabajo, esfuerzo y perseverancia.

Dios me ha dado la bendición y el privilegio de hacer un trabajo evangelístico, también de servir en su Reino estableciendo iglesias y ministerios. De igual manera, por más de seis años, trabajé también como asesora ministerial para más de 250 iglesias y ministerios y algo que pude notar fue que eran aquellos pastores y ministros que se sacrificaban y trabajaban arduamente y con integridad quienes salían adelante y veían sus ministerios ser bendecidos y prosperados.

Mientras que a aquellos que se acercaban tratando de cortar esquinas o tomar el camino más fácil, hoy los buscas y no los encuentras.

Leemos en Mateo 7:20: *...por sus frutos los conoceréis*. Los frutos gritan a los cuatro vientos el nivel de intimidad con Dios. Los frutos de nuestro hogar, de nuestros hijos, de nuestras carreras y de nuestros ministerios hablan por sí solos. Y son esos mismos frutos los que nos permiten saber si tú eres como el paralítico de Betesda, que estaba esperando que otro lo metiera en el agua, o si eres como la mujer del flujo de sangre que se lo propuso e hizo presión hasta tocar el borde de las vestiduras de Jesús.

El ensancharnos conlleva el uso de fuerza y trabajo y deja marcas que sirven de señales de los sacrificios que hemos realizado para alcanzar las bendiciones de Dios. Una madre le recuerda a su hijo del tiempo de malestar y sacrificio que ella paso por él, haciendo mención de que ella lleva estrías, marcas en su vientre, que testifican de ello. Estas marcas llevaron tiempo y para la mayoría de las mujeres, por no decir todas, son indeseables; lamentablemente son parte del proceso y la bendición de ser madre.

Hay muchas personas que desean crecer y multiplicarse, pero sin sufrir consecuencias. Detrás de cada bendición, hay una estría.

CAPÍTULO 4

LA LEY DE CAPACIDAD

...las cortinas de tus habitaciones sean extendidas...
Isaías 54:2

Quisiera empezar este capítulo haciendo mención de 2 Reyes 4 donde encontramos a la viuda de un profeta en graves problemas financieros. Su esposo había muerto y ahora sus acreedores exigían el pago de sus deudas o, a cambio de ello, se iban a llevar a sus hijos como esclavos.

Ella fue a ver al profeta Eliseo y, una vez que ella expuso su situación, él le dijo: *Declárame qué tienes en casa*. En otras palabras, le estaba diciendo: "¿Cuáles son tus recursos?". A esto yo lo denomino la ley de capacidad.

En Isaías 54:2 se le dice a mujer que para que haya manifestación de la promesa tiene que extender las cortinas de su habitación, es decir que tiene que agregar otros elementos al proceso que está atravesando. En el capítulo anterior se nos exhortaba a *ensancharnos*, a administrar lo que tenemos en nuestras manos. Ahora se nos llama a *extendernos,* a ir más allá de lo que tenemos y prepararnos para la bendición. Se nos dice que debemos añadir a lo que ya tenemos.

Cuando una mujer estaba embarazada, se preparaba para el nacimiento de su hijo extendiendo las cortinas de la tienda que habitaba y agregando más cortinas. Hoy en día, sería como construir una habitación más en nuestra casa. Ella tenía que hacer esto porque la capacidad de ese momento no podía soportar o servir al nuevo miembro de la familia que venía en camino. De igual manera, nosotros no podemos administrar las nuevas bendiciones y las promesas de Dios bajo el mismo sistema o la misma capacidad que tenemos en este momento. Para poder recibir más, es menester extendernos.

Durante mis años haciendo el trabajo apostólico en unas de las iglesias que establecí, trabajé junto a un joven ministro al cual yo estaba capacitando para dejar a cargo de la iglesia una vez que Dios abriera las puertas para una nueva obra.

Este joven ministro constantemente se quejaba de que el trabajo era muy fuerte, de que no podía con los miembros que el Señor había salvado hasta ese momento. Sin embargo, en otras ocasiones hablaba de que él creía, con todo su corazón, que Dios iba a llenar cada banca de aquel lugar.

Un día, sin pensarlo, le pregunté: "¿Si sobre lo poco te quejas, cómo crees que Dios te dará lo mucho?". Y a ti te hago la misma pregunta: ¿tienes la capacidad para poder recibir esa promesa que tanto has esperado?; ¿te has extendido?

Gálatas 4:1 nos dice: *Entre tanto que el heredero es niño, en nada difiere del esclavo, aunque es señor de todo.* En otras palabras, si no hemos madurado y crecido espiritualmente, no podemos tomar posesión de nuestra herencia, de nuestra promesa. El Apóstol Juan escribe en su 3ra epístola, en el capítulo 1: *Amado, yo deseo que tú seas prosperado en todas las cosas, y que tengas salud, así como prospera tu alma.*

Este versículo bíblico nos enseña claramente que al mismo nivel o capacidad que prospere nuestra alma es que vamos a prosperar en otras áreas. Tenemos que expandirnos y crecer para poder disfrutar de las bendiciones y las promesas de Dios manifestadas en nuestras vidas.

Es natural creer, y por lo general es lo que hacemos, que es mejor esperar a que llegue la bendición o la expansión para entonces hacer los ajustes necesarios para poder disfrutar y administrar lo recibido. Pero en el Reino de Dios, el proceso es totalmente diferente. Si comparamos 3 de Juan 1:2 con Isaías 54:2, vemos claramente que el Señor desea que nosotros nos preparemos antes de que la bendición fluya.

En Isaías 54:1-2 se le pide a la mujer que se prepare antes de que llegue la bendición. Nota que la mujer está embarazada, y aun así Dios le dice que se levante y trabaje, lo cual nos hace saber que no hay excusas para nadie. ¿O acaso la mujer embarazada espera hasta llegar al hospital para comprar la cuna y preparar la habitación del bebé?

Mi pregunta para ti es: ¿te estás preparando para la bendición?

En una ocasión fui invitada a predicar a una iglesia que tenía alrededor de 100 miembros y apenas podían estar todos juntos en el santuario, sin contar los niños y los jóvenes que se reunían en otra área del edificio.

Al final del servicio, el pastor y su esposa me mostraron todas las instalaciones. Ya de regreso en el santuario, el pastor me compartió que él estaba esperando y creyendo en la promesa que Dios le había dado de 500 miembros. De inmediato le pregunté: "¿Y cuándo va a empezar a expandirse?". A lo que él respondió: "Cuando llegue el momento, ahí veremos". Y yo pensé, como decimos en el Caribe, "ahí lo veré…".

Regresemos a la viuda en 2 Reyes 4:1-7. Nota que el profeta le dio instrucciones bien específicas. En primer lugar, le dijo que fuera y pidiera tinajas vacías a sus vecinas. Ella tal vez pensó: "¿Cómo? Pero si no tengo aceite, mejor obra el milagro, dame el aceite y entonces voy y busco las tinajas", que es lo que la mayoría de nosotros hacemos.

Oramos por la promesa y la esperamos, sin estar preparados. Imagínate que habría pasado si el profeta hubiera orado por aceite sin que ella se hubiera preparado primero. El aceite de la tinaja se habría comenzado a derramar, habría caído al piso y ella habría empezado a gritar de manera histérica, enviando a sus hijos a que fueran corriendo a buscar tinajas con las vecinas.

Mientras tanto, el aceite se habría seguido derramando en toda la cocina y, para el tiempo que sus hijos regresaran, posiblemente ya habría sido demasiado tarde o ella solo habría podido recoger un poco. Sin embargo, la viuda obedeció al profeta: fue y se preparó para su milagro extendiendo su capacidad, añadiendo más tinajas.

Es necesario mencionar que cuando ya no hubo más tinajas, el aceite se detuvo. A lo que yo me pregunto: ¿qué habría sucedido si ella hubiera conseguido más tinajas, si ella hubiera expandido su territorio un poquito más?

Y a ti te pregunto: ¿qué sucedería si tú te extendieras, si te prepararas dándole lugar a la bendición? Es triste saber que de la misma manera que nos podemos extender también podemos detener la bendición.

Recuerda, el aceite no cesó hasta que se acabaron las tinajas. La bendición de Dios pudo haber fluido mucho más, pero fue la capacidad de la viuda la que determinó el nivel de la bendición. Aun así, la Palabra nos dice que esa cantidad fue suficiente para que ella pagara a sus acreedores y viviera el resto de su vida con sus hijos.

PREPARACIÓN

En Génesis capítulo 12 encontramos a Dios dándole una promesa a Abraham que tomó mucha preparación y cientos de años en cumplirse. El Señor le estaba entregando a este humilde pastor de ovejas, y a su descendencia, una gran región la cual ya estaba ocupada por naciones tales como los amalecitas y los filisteos. Solo imagínate si Dios le hubiera dada la tierra de inmediato a Abraham, sin prepararlo ni capacitarlo.

Los habitantes de estas naciones se lo habrían comido vivo, lo habrían destruido de inmediato. Abraham no tenía la capacidad para tomar posesión de la tierra de Canaán. Necesitaba extenderse. Es por eso que el Señor empezó un proceso de preparación y capacitación. Pero muchos no están dispuestos a pagar este proceso de preparación y capacitación. Es en esos momentos donde muchos se dan por vencidos y dan por olvidada la promesa.

En el libro de Génesis podemos ver claramente este proceso de preparación y capacitación. Lo vemos en los acontecimientos que les sucedieron a

José y a Moisés. Para que Dios pudiera entregarles la Tierra Prometida a los israelitas, ellos tenían que estar capacitados en toda ciencia, en estrategias de guerra, construcción y gobierno, entre otras cosas.

También necesitaban la dirección de un gran líder que los llevara a tomar posesión de la promesa. Recuerda lo que mencionamos en capítulos anteriores, sin administración no hay manifestación. Ahora añadimos que sin capacitación no hay administración, por lo tanto no veremos la manifestación de las promesas.

¿Puedes ver cómo todo funciona en conjunto? Es por eso que Dios dispuso todo de manera que José terminara en el Palacio de Faraón; así Jacob y los doce patriarcas viajaron a Egipto donde luego, por más de 400 años, su descendencia estuvo en esclavitud.

Pero en medio de la opresión, fueron capacitados para tomar posesión y dominio de la Tierra Prometida. De igual manera, tú y yo al pasar por ciertas circunstancias en nuestras vidas nos capacitamos para poder entrar en nuestra Tierra Prometida.

Del mismo modo Moisés, a través de los años en el Palacio de Faraón y de los 40 años en el desierto, recibió la preparación y la capacitación necesarias en lo espiritual y en lo natural para ser el líder de Israel. Es un dicho muy común que "no hay llamado sin desierto".

CAPACÍTATE

Para poder ver la manifestación de las promesas de Dios en nuestras vidas, tenemos que capacitarnos para poseerlas y administrarlas. El proceso y el tipo de capacitación dependen del tipo de promesa. Si estoy llamada al ministerio, debo capacitarme en la Palabra y en otras áreas que me preparen para ello.

El problema surge cuando esperamos que nos den todo en la boca, como a pajaritos. Esta mentalidad ha contaminado a gran parte del pueblo de Dios y hemos mal interpretado las leyes del Reino, creyendo que como reyes y sacerdotes lo merecemos todo. Si bien hay una gran verdad encerrada en esta revelación, no debemos olvidarnos de que somos súbditos del Reino, siervos al servicio del Rey.

Y en todo Reino hay rangos y títulos, conforme la capacidad del individuo. Si no estamos capacitados, no podemos gobernar.

CAPÍTULO 5

LA LEY DE PRESIÓN

...alarga tus cuerdas...
Isaías 54:2

La manifestación de una promesa viene, como todo embarazo, acompañada de dolores de parto. A nosotros se nos exhorta, al igual que a la mujer en Isaías 54, a que después de haber hecho todos los arreglos necesarios no nos olvidemos de alargar bien las cuerdas, de amarrarlas bien poniendo presión.

De lo contrario, cuando el viento y la tormenta lleguen todo se podría derrumbar. Debemos estar conscientes de que la prueba, la oposición y la adversidad van a llegar a nuestras vidas, por lo que tenemos que alargar bien las cuerdas de nuestra habitación si queremos ver las promesas de Dios manifestarse.

PRESIÓN

Los seres humanos, por lo general, buscamos esa área o ese lugar en nuestras vidas que los americanos llaman "zona de comodidad". Es el sitio donde nos estacionamos en neutro, donde no hay retos, ni avances ni desarrollo.

Lamentablemente, con toda promoción y todo avance siempre vienen los conflictos. Sin conflictos, no hay manifestación de la promesa. En cada ocasión que Dios desea llevarnos a un nuevo nivel, Él nos saca de esa zona de comodidad.

El águila, una vez que le ha enseñado al pichón de águila a volar y a buscar alimento por sí solo, llena el nido de espinas para que cuando este último quiera regresar no se quede allí, sino que busque su propio lugar.

Así, muchos de los conflictos que vienen a nuestras vidas no son necesariamente ataques del enemigo; en ocasiones son parte del oficio, circunstancias de la vida, y otras veces son eventos permitidos por Dios para llevarnos al lugar de la bendición y la manifestación de la promesa.

En Génesis 50:20 encontramos a José, después de haber sido vendido como esclavo por sus hermanos y acusado falsamente, diciendo: *Es verdad que ustedes pensaron hacerme mal, pero Dios transformó ese mal en bien para lograr lo que hoy estamos viendo: salvar la vida de mucha gente.* Todos estos acontecimientos lo acercaron más a su bendición y permitieron que la promesa de Dios se manifestara a través de su vida.

La clave de toda victoria está en permanecer firmes después de cada conflicto. Los conflictos traen cambios, y estos cambios traen promoción. Una vez que llegamos al nivel que Dios desea, por lo general, nos acomodamos nuevamente pero si queremos seguir creciendo debemos permitir que Él nos lleve a través de su proceso.

El profeta Isaías nos exhorta, en el capítulo 54, versículo 2, a prepararnos para esos momentos de conflicto a través de la oración, el ayuno y un mayor conocimiento de la Palabra del Señor. Todo buen soldado y gran ejército, se preparan y capacitan en tiempos de paz y no de guerra. Establecen tácticas de defensa en contra de toda invasión. Tú y yo no podemos ser diferentes.

A continuación, analizaremos los pasos estratégicos a seguir en esos momentos de conflicto y angustia.

DATE LICENCIA PARA LLORAR

En 1 de Samuel 30 encontramos a David viviendo en la región de Siglag donde hace alianza con los filisteos, uniéndose a ellos y ayudándolos a pelear en contra de sus enemigos. En un momento en particular, David deja descuidado su campamento para ir a pelear la batalla de los filisteos y, durante su ausencia, los amalecitas vienen y toman a todas las mujeres y los niños.

Esto nos habla de que, en ocasiones, por estar peleando las batallas que no nos pertenecen ponemos en peligro nuestro territorio y nuestro dominio. Ante tal atrocidad, David junto con su hombres lloraron hasta que no tuvieron más fuerzas para llorar. En momentos de conflicto y angustia, tú y yo debemos darnos licencia para llorar. Recuerda que las emociones nos han sido dadas por Dios, estas no son malas. Es lo que hacemos con ellas en medio de los conflictos lo que puede convertirse en algo negativo o positivo.

FORTALÉCETE EN DIOS

David, después de llorar, se levantó y se fortaleció en Dios. ¿Cómo se fortaleció? Recordando todas las victorias que el Señor le había dado, haciendo memoria de su fidelidad.

Expresando cosas tales como: *Alzaré mis ojos a los montes; ¿de dónde vendrá mi socorro? Mi socorro (mi ayuda, mi rescate) viene de Jehová, que hizo los cielos y la tierra.* El Salmo 27:1 dice: *El Señor es mi luz y mi salvación; ¿a quién temeré? El Señor es la fortaleza (lugar de seguridad, refugio, roca) de mi vida; ¿de quién tendré temor?* Tú y yo debemos tomar fortaleza a través de la Palabra y de las promesas de Dios.

CONSULTA A DIOS

En el versículo 8 de 1 Samuel 30 se nos dice que David buscó dirección de parte de Dios. Él fue en busca de una solución a la situación. No se dio por vencido.

En los momentos de conflicto, generalmente nos sentimos confundidos y tendemos a tomar decisiones de las cuales nos podemos arrepentir más tarde. Es por ello que en tales ocasiones debemos detenernos y buscar dirección de parte de Dios, después de todo Él es quien conoce nuestro principio y nuestro fin.

En Hebreos 11:6 leemos: *Pero sin fe es imposible agradar a Dios; porque es necesario que el que se acerca a Dios crea que le hay, y que es galardonador de los que le buscan*. Cuando nosotros buscamos al Señor, Él nos responde y lo hace con recompensa.

En Jeremías 33:3 encontramos un versículo bíblico muy conocido, el cual muchos de nosotros sabemos de memoria: *Clama a mí, y yo te responderé…*

La palabra *responderé* que leemos aquí significa "instrucción o dirección". A través del profeta, Dios nos dice que en esos momentos difíciles clamemos a Él, y Él nos dará instrucción y dirección de los pasos a seguir en esa situación en particular.

En Santiago 1:5 se encuentra uno de mis textos favoritos de la Palabra, el cual ha formado parte de mi oración diaria por más de 20 años. Y como ya mencionamos en el capítulo 1, aquí se nos exhorta a pedirle a Dios sabiduría porque Él la dará en abundancia y sin reproche. El término *sabiduría* que aparece en Santiago significa instrucción, dirección, conocimiento, discernimiento y revelación.

Este versículo no se refiere únicamente a sabiduría de las cosas espirituales sino también a sabiduría en toda ciencia, administración y conocimiento práctico del diario vivir, entre otras cosas.

El Señor, a través del autor de Santiago, nos llama a que le busquemos, tal como lo hizo David, en los momentos cruciales de nuestras vidas porque esto determinará si veremos o no manifestarse las promesas divinas.

SÍGUELOS

Continuando con la historia de David, en el versículo 8 de 1 Samuel 30 Dios le da una respuesta a David sobre lo que debía hacer. Leemos: *Y él le dijo: Síguelos, porque ciertamente los alcanzarás, y de cierto librarás a los cautivos.*

La palabra *síguelos* en este versículo nos habla de proceder, de correr, de comprometernos con la causa, de poner atención en la situación. En otras palabras, nuestro Señor nos dice que en esos momentos de conflicto no debemos cruzarnos de brazos o rendirnos, sino que es hora de determinarnos a seguir perseverando movidos por la fe, con las instrucciones que hemos recibido de parte de Él y tomados de las promesas que Él nos ha dado.

En el Salmo 18:37 David dice: *Perseguí a mis enemigos y los alcancé; y no me volví hasta acabarlos.* Esta es la actitud que nosotros debemos tomar en esos momentos de conflicto: perseguir a nuestros enemigos, alcanzarlos y acabarlos con las armas espirituales que Dios nos ha dado.

Recuerda también que se nos dice en 2 Corintios 10:4 que *las armas de nuestra milicia no son carnales, sino poderosas en Dios para la destrucción de fortalezas…*

Tenemos que "seguirlos", tomando acción en esa situación personal, ministerial o profesional. ¡Síguelos! No te detengas. El Salmo 18:37 nos dice que David los persiguió hasta alcanzarlos y no se regresó hasta que los destruyó. David se mantuvo en la dirección que Dios le había dado, y hasta que no vio una solución a su problema no se dio por vencido.

De igual manera, el Señor nos llama a perseverar hasta que veamos la bendición en nuestras manos.

CAPÍTULO 6

LA LEY DE MULTIPLICACIÓN

*Fructificad y multiplicaos; llenad la tierra,
y sojuzgadla, y señoread...*
Génesis 1:28

Una de las revelaciones más grandes y profundas, pero también pasada por alto, se encuentra en Génesis 1:28 donde leemos la primera conversación que Dios tiene con el hombre cuando le dice: *Fructificad y multiplicaos; llenad la tierra sojuzgadla, y señoread.*

¿No crees que tratándose de la primera conversación que Dios tiene con el hombre deberíamos prestarle mayor atención? En esta podemos descubrir el propósito principal por el cual Dios creó al ser humano. Génesis 1:28 es el mapa por el cual Dios quiere que tú y yo vivamos nuestras vidas y experimentemos las promesas y las bendiciones que Él tiene para nosotros.

Fuimos creados y llamados con el propósito de administrar la tierra para Dios, de establecer y expandir su Reino. Una vez llamados, el Señor ha de proveernos todos los elementos necesarios para que podamos cumplir con tal propósito. Y lo primero que vemos es que Él nos capacitó con cuatro elementos muy importantes y poderosos, los cuales encontramos en Génesis 1:28.

Estos elementos son la capacidad para *fructificar, multiplicar, señorear* y *dominar.* Son herramientas y destrezas que hay en cada uno de nosotros y que forman parte de nuestra hoja de vida. Si estas capacidades no son utilizadas, no aportarán ningún beneficio a nuestras vidas; aunque las cargamos no las disfrutamos. Son como aplicaciones de un teléfono celular.

Lo que hace la diferencia no es la caja, sino las aplicaciones y el sistema operativo; pero, ¿de qué vale que tengamos el mejor teléfono celular del mundo si solo lo utilizamos para hacer llamadas, cuando podríamos cargar nuestra agenda, escuchar música, leer la Biblia, hacer la lista del supermercado y organizar nuestras vidas de una manera más practica y productiva?

Estas características o destrezas reveladas en Génesis 1:28 deben ser ejercitadas en todas las áreas de nuestras vidas a diario. Mientras más las ejercitemos, más beneficios obtendremos de estas, y así veremos manifestarse las promesas de Dios para nuestras vidas. Miremos cada una de estas destrezas, o lo que yo llamo la ley de la multiplicación, más de cerca.

ES UN PROCESO

Cada uno de los elementos de la ley de multiplicación debe ser operado en conjunto para que podemos obtener el mayor beneficio. No podemos poner uno en práctica y dejar el otro. No serás fructífero si no administras, y no podrás multiplicarte si no eres fructífero.

Lo podemos comparar con una máquina de lavar la ropa. Esta tiene varias etapas que son necesarias para que la ropa salga limpia: pre-lavado o lavado, exprimir, enjuagar y exprimir de nuevo. Así también la ley de la multiplicación tiene un proceso ya establecido por Dios, el cual no podemos alterar si deseamos ver la manifestación de sus promesas en nuestras vidas.

FRUCTÍFEROS

El primer llamado que Dios nos hace en Génesis 1:28 es a ser fructíferos, y aunque muchos todavía cargamos con la definición que nos dio la iglesia tradicional, cuando leemos la Palabra en el idioma original se nos habla de ser útiles, de desarrollarnos y de prosperar en todas las áreas. Se trata de sacarle el mejor provecho a los elementos que tenemos y a las circunstancias por las cuales pasamos.

Somos fructíferos cuando tomamos lo que tenemos en nuestras manos, a nuestra disposición y alcance, y hacemos el mejor uso de ello. Lo primero que el profeta le preguntó a la viuda de 2 Reyes 4 fue: *¿Qué tienes en tu casa?*

Somos fructíferos cuando cuidamos nuestro auto mientras esperamos la manifestación de la promesa del auto nuevo.

Somos fructíferos cuando trabajamos arduamente entre tanto llega la promoción o el nuevo empleo.

Somos fructíferos cuando administramos bien nuestro salario actual.

Somos fructíferos cuando ministramos a los diez miembros de nuestra iglesia con amor y excelencia entre tanto llegan los otros miles que Dios prometió.

Somos fructíferos cuando damos el mejor servicio a los cinco clientes que tenemos quienes nos van a recomendar para que alcancemos 500 clientes más.

En la parábola de los diez talentos los que fueron fructíferos con lo que se les había dado fueron los que recibieron la bendición al final. A ellos se les dijo: *Sobre lo poco fuiste fiel, sobre lo mucho te pondré.*

La ley de multiplicación consiste en tomar lo poco y trabajarlo para alcanzar lo mucho.

MULTIPLICAR

Hay una ley llamada la "ley de causa y efecto".

En otras palabras, toda acción produce una reacción. Esta ley también dice que todo aquello en lo que nos concentramos, se multiplica. Así, una vez que tú te concentras siendo fructífero en cualquier área de tu vida, la multiplicación llegará sin lugar a dudas.

El problema radica en el hecho de que estamos tan concentrados en alcanzar lo que se encuentra en el futuro, que no disfrutamos o utilizamos al máximo las cosas con las que contamos en el presente. Recordemos lo que nos dice Mateo 6:34: *Por tanto, no os preocupéis por el día de mañana; porque el día de mañana se cuidará de sí mismo. Bástele a cada día sus propios problemas.*

Cuando somos fructíferos y cuidamos de nuestros hijos, los educamos, tomamos tiempo para ellos, tenemos la satisfacción de ver nuestro trabajo recompensado y multiplicado cuando ellos son reconocidos en sus escuelas y en la comunidad.

También cuando los vemos ir al colegio, alcanzar sus propios sueños, desarrollar sus talentos y, más adelante, casarse y ser hombres y mujeres de bien.

El proceso es simple: la fructificación produce multiplicación. ¿Quieres multiplicación? Sé fructífero. ¿Quieres una pareja? Se fructífero como soltero. ¿Quieres ser un gran ministro? Se fructífero como miembro. ¿Quieres que tu pareja te trate mejor?

Comienza tratándole tú mejor a él o a ella. Yo no sé cuál sea esa promesa en particular que estás esperando de parte de Dios, pero por experiencia te digo que si comienzas a ser fructífero en el área en la que te encuentras en este momento y utilizas sabiamente tus recursos presentes, poco a poco el Señor irá añadiendo a tu vida.

¿Cuándo comenzó a ver multiplicación en su vida la viuda de 2 Reyes 4? Al utilizar sabiamente el aceite que tenía, al administrarlo estratégicamente y seguir la dirección del profeta.

De igual manera, tú y yo, cuando seguimos la dirección del Espíritu Santo en ciertas áreas especificas, estamos siendo fructíferos y, por lo tanto, nada ni nadie puede detener la multiplicación en nuestras vidas y la manifestación de las promesas de Dios.

Te repito, el proceso es simple: *la fructificación produce multiplicación*. Como acostumbra a decir mi pastor: "Utiliza lo que tienes, haz lo que puedas."

SOMETER

Una parte importante del proceso de la ley de multiplicación es el someter o sojuzgar las oposiciones o dificultades que se presenten en el camino.

Lamentablemente, en el momento que se levanta la adversidad, muchos dejan sus manos caer y abandonan todo, perdiendo así la manifestación de las promesas hechas por Dios a sus vidas.

¿Por qué alguien se sorprende o se siente morir cuando viene la prueba o la oposición? No es que Dios no lo haya advertido, ya que lo dejó bien en claro en Génesis 1:28 cuando nos mandó a someter. En otras palabras, nos estaba diciendo: "Van a venir problemas".

Jesús mismo nos advirtió en Juan 16:33 que *en el mundo tendréis aflicción*, y en Mateo 11:12 dijo que el *Reino de los cielos sufre violencia, y los violentos lo arrebatan*. Como dirían en mi país: "Más claro no canta un gallo".

Lo maravilloso de todo esto es la segunda parte de Juan 16:33: *Él ha vencido al mundo y ha sometido todas las cosas debajo de nuestros pies*. A lo que yo añado: *Si Él está con nosotros, quién contra nosotros y mayor es el que está nosotros, que el que está en el mundo*; es por ello que en *Él somos más que vencedores*.

Si tú y yo queremos obtener las bendiciones, las provisiones y las promesas que están guardadas para nosotros, tenemos que enfrentar y someter toda resistencia que se levante tratando de evitar que alcancemos ese lugar de abundancia y multiplicación que Dios ha provisto para sus hijos.

SEÑOREAD

La palabra *señoread* viene del término hebreo: administrar. Y como lo definimos en el capítulo 2, administrar es la capacidad que Dios nos otorga para que podamos tomar decisiones y seguir una dirección que va a producir beneficios en nuestras vidas.

Esto incluye la capacidad de organizar información, personas, cosas, finanzas, etc. A través de la administración podemos observar y utilizar detalles para solucionar problemas y alcanzar nuestras metas o nuestra visión.

Permíteme recordarte que sin administración no hay manifestación. Y ahora agrego que sin administración no hay multiplicación. En Génesis 1:28 vemos esto bien claro.

En otras palabras, Dios le dijo al hombre: "Para que puedas disfrutar de todas las bendiciones que tengo para ti, debes seguir el proceso establecido por mí".

Implantar y trabajar este proceso nos acerca, poco a poco, a la manifestación de las promesas de Dios. Es un proceso simple que se repite constantemente.

Para cerrar este capítulo, podemos interpretar Génesis 1:28 de la siguiente manera: "Administra (señorea) sabiamente (sé fructífero) lo que tienes en tus manos y, con el tiempo, eso se multiplicará; cuando se levante opresión, enfréntala (sométela) y verás la manifestación de las promesas de Dios en tu vida".

Delilah Crowder

CAPÍTULO 7

PONIENDO INTENCIÓN

…alarga tus cuerdas…
Isaías 54:2

Me gustan mucho las películas o las series de televisión basadas en la vida real que presentan a grandes reyes, emperadores y conquistadores y la manera en que ellos hicieron hasta lo imposible para conquistar más territorio.

De igual manera, a través de las Escrituras, vemos al pueblo de Israel como ejemplo y tipo espiritual de cómo nosotros debemos conquistar y extender nuestro territorio a través de guerras y batallas. En ambos ejemplos, aprendemos que cada uno de estos hombre y mujeres pudieron alcanzar grandes conquistas porque ejecutaron planes estratégicos y, sobre todo, porque estaban bien definidos en sus intenciones.

En la antigüedad, aquellos que habitaban en tiendas mantenían las telas que formaban cada habitación unidas a través de cuerdas, las cuales eran bien estiradas y amarradas a las estacas. Mientras más fuertes eran las cuerdas, más seguras estaban las tiendas y podían sostenerse contra el viento.

Cuando había necesidad de mayor espacio, se añadían más cuerdas a las que ya estaban alargadas. Sin embargo, muchas familias jóvenes como sabían que iban a crecer, ya dejaban estas cuerdas largas de antemano para que estuvieran listas cuando llegara el momento.

Durante nuestra visita a la ciudad de Olimpia, en el país de Grecia, el guía turístico nos explicaba que en muchas regiones de ese país era posible observar que en el techo de las casas había varillas de hierro, listas para construir un segundo piso.

Y aunque esto no lucía bien, lo hacían siguiendo la antigua costumbre de estar listos para cuando la familia siguiera creciendo. Podemos ver que los griegos, al igual que aquellos que habitaban en tiendas, intencionalmente se preparan para cualquier crecimiento.

Hay un elemento muy importante para que podamos ver la manifestación de las promesas de Dios en nuestras vidas; tú y yo tenemos que actuar intencionalmente, conscientes de lo que estamos haciendo, usando nuestros sentidos y facultades.

El primer beneficio que obtenemos cuando actuamos intencionalmente es que tenemos visión, una dirección clara de dónde queremos llegar o lo que queremos lograr.

El libro de los Proverbios, capítulo 29, versículo 18, nos dice: *Donde no hay visión, el pueblo se extravía*. En otras palabras, donde no hay visión, el pueblo perece, hay desenfreno, negligencia y falta de dirección. En su mayoría, las promesas de Dios se manifiestan a través de un proceso que llega a nosotros mediante revelaciones e instrucciones que Él nos va dando.

En Habacuc 2:2 leemos: *Escribe la visión, y decláralas en tablas, para que corra el que leyere en ella*. El Señor le indicó al profeta que escribiera la visión para que el que la leyera, corriera con ella. Es decir que, al recibir la visión, debemos estudiarla, analizarla y ponerla en acción para que esta llegue a su fin. Porque sin aplicación, no hay manifestación.

El segundo beneficio de actuar intencionalmente es que se crean estrategias específicas, técnicas y actividades destinadas a conseguir el objetivo o la visión que Dios nos ha dado. A través de las estrategias podemos desarrollar planes, ya sea dirigidos por el Espíritu Santo o por el conocimiento que hayamos obtenido.

El tercer y último beneficio de actuar intencionalmente es la capacidad para evaluar el proceso o la situación, detenernos a mirar los "pro" y los "contra" y, conforme a ello, reestructurar o hacer los cambios necesarios.

En el libro de Rut, encontramos a dos mujeres que actuaron intencionalmente en medio de tiempos difíciles y tal decisión las llevó a alcanzar las bendiciones de Dios. Todos conocemos la historia de cómo Noemí regresó a Israel con su nuera Rut, después de que ambas habían perdido a sus esposos.

Una vez en Israel, Rut comenzó a trabajar en el campo que le pertenecía a Booz. Ella cayó en gracia con él quien dio instrucciones a los segadores para que dejaran caer trigo y Rut pudiera recogerlo; esto era parte de la ley levítica, donde se les pedía a los segadores que dejaran caer trigo para los pobres.

Cuando Rut regresó a la casa, le contó a Noemí lo acontecido ese día y cómo había hallado gracia delante de Booz. Noemí con sabiduría le dio indicaciones de qué hacer para que ambas pudieran salir beneficiadas ya que, al ser Booz un pariente cercano de ambas, se podía aplicar la ley levítica de redención en esta situación.

Nota que las instrucciones de Noemí fueron bien específicas y tenían la intención de que Booz redimiera a ambas al casarse con Rut: *Te lavarás, pues, y te ungirás, y vistiéndote tus vestidos, irás a la era; mas no te darás a conocer al varón hasta que él haya acabado de comer y de beber. Y cuando él se acueste, notarás el lugar donde se acuesta, e irás y descubrirás sus pies, y te acostarás allí; y él te dirá lo que hayas de hacer* (Rut 3:3-4).

Finalmente, y gracias a las estrategias específicas y llenas de intención de Noemí sumada a la tenacidad de Rut y por supuesto la gracia de Dios, ambas recibieron su bendición. En Proverbios 16:4 se nos dice que *todo lo que Dios hace tiene propósito*, lo que significa que Él se mueve con intención.

En 1 Corintios 9:25-27 leemos: *Todo aquel que lucha, de todo se abstiene; ellos, a la verdad, para recibir una corona corruptible, pero nosotros, una incorruptible. Así que, yo de esta manera corro, no como a la ventura; de esta manera peleo, no como quien golpea el aire, sino que golpeo mi cuerpo, y lo pongo en servidumbre, no sea que habiendo sido heraldo para otros, yo mismo venga a ser eliminado.*

Aquí el Apóstol Pablo nos dice que el atleta actúa con intención, preparándose, dejando todo lo que le pueda perjudicar para ganar una corona corruptible; mientras que él vivía con disciplina y se dominaba a sí mismo, luchando con propósito para alcanzar una corona incorruptible. Él tenía su mirada fija en la meta.

Durante nuestra visita a la ciudad de Olimpia, en Grecia, mi esposo y yo tuvimos el privilegio de visitar las ruinas donde se celebraban los primeros juegos olímpicos, de donde el Apóstol Pablo tomó inspiración para estos versículos que leímos anteriormente.

El guía turístico nos explicó que los atletas se ejercitaban durante 364 días, no descansaban ni tomaban vacaciones; y todo por una corona de hojas de hiedra que comenzaban a marchitarse en unas cuantas horas. Tales atletas seguían una rutina y tenían disciplina, intencionalmente se preparaban para poder obtener el premio.

Todo creyente debe tener la misma meta del Apóstol Pablo. Pero además de ello, necesitamos tener otras metas, otros sueños, otros propósitos. No importa en qué lugar o en qué etapa de tu vida te encuentres hoy, ten por cierto que si tomas la determinación de actuar intencionalmente podrás alcanzar todo lo que te propongas. ¡Dios te dice hoy que alargues tus cuerdas porque la promesa viene!

CAPÍTULO 8

SEAMOS DILIGENTES

…refuerza tus estacas.
Isaías 54:2

A través de su Palabra Dios nos llama a ser diligentes. Si nosotros aprendemos a ser diligentes en todas las áreas, comenzaremos a vivir vidas más bendecidas y victoriosas. Seremos capaces de echar mano a las promesas divinas para nuestras vidas.

Para beneficio de este libro, podemos definir la palabra diligente como perseverar. Perseverar es ser constantes en aquello que hemos empezado; posicionarnos en un lugar específico de manera permanente.

Recuerdo un coro antiguo que solíamos cantar en los campamentos de jóvenes el cual dice:

//Yo te daré los tesoros escondidos//
//Solo persevera//
//Solo persevera en la bendición
que yo te entregué//

La semilla, la bendición, ya se encuentra en nuestras manos para que la cultivemos y, de esta manera, traiga como fruto la manifestación de las promesas de Dios. Si continuamos perseverando, siendo consistentes, la promesa llegará.

La persona que persevera está constantemente activa, tomando provecho de toda situación, haciendo día a día aquellas cosas que poco a poco la acercan a su bendición.

El autor de 2 Pedro 1:5 nos exhorta: ...*vosotros también, poniendo toda diligencia por esto mismo, añadid a vuestra fe virtud; a la virtud, conocimiento.* Nos dice que seamos diligentes, que no dejemos para mañana lo que debemos hacer hoy, en especial si se trata de instrucciones que hemos recibido de parte de Dios y que nos ayudarán a alcanzar nuestros sueños y sus promesas.

Aprendamos de Proverbios 12:27 que nos dice: *El perezoso no sale con nada, pero el que trabaja duro prospera.* Y es aquí donde muchos fallamos, en el trabajar duro. En los últimos años, se ha levantado lo que yo llamo la "generación del subsidio".

Son aquellas personas que confunden las leyes del Reino con el derecho al sustento; que desean obtener todas las bendiciones del Reino pero sin compromiso y sin someterse a sus leyes. Son ciudadanos corruptos e irresponsables.

Pero dice la Escritura: *No os engañéis; Dios no puede ser burlado: pues todo lo que el hombre sembrare, eso también segará. Porque el que siembra para su carne, de la carne segará corrupción; mas el que siembra para el Espíritu, del Espíritu segará vida eterna* (Gálatas 6:7-8).

Si hay algún área en tu vida que se encuentra vacía, que no está produciendo fruto, que no es próspera, seguramente se debe a que no estás siendo diligente. Es hora de que le prestes atención a esa área, no la ignores, busca una dirección, una revelación de parte de Dios para que comience a llegar el orden a tu vida.

LOS TALENTOS

En Mateo 25 encontramos la parábola de los talentos que dice: *Porque el reino de los cielos es como un hombre que yéndose lejos, llamó a sus siervos y les entregó sus bienes. A uno dio cinco talentos, y a otro dos, y a otro uno, a cada uno conforme a su capacidad.* Nota que dice que se les entregó talentos *conforme a su capacidad*. Nuestra capacidad es un elemento crucial para la manifestación de la promesa.

Mateo dice que el que recibió cinco talentos y el que recibió dos fueron diligentes y los multiplicaron, extendieron su dominio. Sin embargo, el de un talento, perezoso al fin, enterró el único talento que tenía y posteriormente perdió su bendición.

El ser diligente consiste en hacer un uso sabio de los recursos que tenemos a nuestra disposición, así como lo hicieron el hombre de los cinco y el hombre de los dos talentos; en ser constantes y persistentes en la administración de cada una de las áreas de nuestras vidas.

OBSTÁCULOS

Hay ciertos elementos que pueden evitar que seamos diligentes, atrasando así la manifestación de las promesas de Dios para nosotros. El primero de ellos es el *temor*.

El temor a lo desconocido, al fracaso, a las opiniones de los demás. Todo temor debe ser eliminado de nuestras vidas, primeramente a través de su reconocimiento, luego buscando su raíz y, por último, llenándonos del amor de Dios.

En 1 Juan 4:18 se nos dice que *el perfecto amor echa fuera el temor*. Ese perfecto amor de Dios, el amor ágape del que nos habla 1 Corintios 13, *todo lo sufre, todo lo cree, todo lo espera, todo lo soporta y nunca deja de ser*.

Cuando nosotros hemos recibido la revelación del amor de Dios hacia nosotros, esa revelación, esa verdad, echa fuera todo temor y nos enseña que el Señor tiene control de nuestras vidas y que todo ha de obrar para bien. Una vez que hemos recibido esta revelación, nos convertimos en personas diligentes y perseverantes.

El segundo elemento que nos obstruye para ser diligentes es el *desánimo*. Esto se debe mayormente a un acontecimiento negativo en nuestro pasado o a alguna insatisfacción presente.

Debemos tener mucho cuidado de no caer en el desánimo, porque de nuestro estado de ánimo dependerá cómo enfrentemos las circunstancias de la vida. Para poder superar el desánimo debemos primeramente admitir nuestra insatisfacción, ya que no podemos vencer lo que no confrontamos.

Luego de que hemos admitido nuestra insatisfacción, necesitamos analizar todas las áreas de nuestras vidas para comprobar cuáles son aquellas que están produciendo este sentimiento, trabajar en estas y llevarlas al punto donde no sean una carga innecesaria sobre nuestros hombros. Pero, sobre todas las cosas, debemos traer nuestras cargas a Dios.

En Mateo 11:28 Jesús nos dice: *Venid a mí todos los que estáis trabajados y cargados, y yo os haré descansar.* La palabra *trabajados* en este versículo significa exhaustos, preocupados, esforzados, agotados o con dolor. Si tú tienes alguna de estas características en alguna área de tu vida, ponla en las manos de Dios para que, de esa manera, con una carga más ligera, puedas avanzar siendo diligente en otras áreas de tu vida.

Por último, la *falta de visión* puede obstaculizar tu avance y tu progreso hacia la manifestación de las promesas de Dios. Este tema ya lo hemos cubierto ampliamente en el capítulo 3 donde aclaramos que no podemos dominar aquello que no vemos. Donde no hay visión, no hay manifestación.

CAPÍTULO 9

ACTIVANDO EL PLAN DE DIOS

…pensamientos de bien y no de mal…
Jeremías 29:11

Delilah Crowder

Dios tiene un plan perfecto para nuestras vidas. En Jeremías 29:11 nos dice que Él tiene para con nosotros *pensamientos de bien y no de mal*.

En este capítulo veremos cómo activar ese plan divino perfecto. Porque cuando el plan de Dios se activa en nuestras vidas, las promesas hechas conforme a ese plan comienzan a manifestarse.

En la mayoría de los casos, el plan de Dios no está activado porque, en lugar de buscar su dirección y su voluntad perfecta para nosotros, venimos a Él con nuestra propia agenda ya diseñada la cual le presentamos para que la bendiga y se mueva de acuerdo con nu estro plan.

Y aunque el Señor en su Palabra nos dice *pedid y se os dará*, debemos estar conscientes de que Él es soberano y tiene un plan que es perfecto para nosotros. Él sabe, mejor que nadie, lo que nos conviene y lo que es mejor para nosotros en cada área de nuestras vidas.

Recuerda que hay dos tipos de voluntad:
- *la voluntad perfecta de Dios y*
- *la voluntad permisiva.*

Y muchos de nosotros nos hemos movido, la mayor parte de nuestras vidas, en esa voluntad permisiva que no es perfecta y casi siempre nos trae insatisfacción. ¿Qué es lo que tú deseas para tu vida: la voluntad permisiva de Dios o su voluntad perfecta?

Hay ciertos pasos a seguir para que el plan de Dios se active en nuestras vidas, a través de nuestra relación con Él. Como en toda relación, ambas partes participan y, como ya mencionamos en capítulos anteriores, Dios hace su parte y nosotros hacemos la nuestra para que esas promesas sean manifestadas.

RECONOCER LA SOBERANÍA DE DIOS

El primer paso para que el plan de Dios se active en nuestras vidas es el reconocer que nuestro Señor es soberano.

En el capítulo 2, versículo 11 del libro de Josué encontramos a Rahab, la prostituta, quien a través del reconocimiento de la soberanía de Dios activó el plan divino en su vida y se convirtió en parte del linaje mesiánico. *Yo sé que el Señor y Dios es Dios de dioses tanto en el cielo como en la tierra* (Josué 2:11).

Recuerda lo que mencionamos en el primer capítulo: *todo lo que recibimos de parte de Dios procede de una ley espiritual que consiste primeramente en creer, y luego en confesar, delegando así la autoridad legal*. Y esto fue precisamente lo que hizo Rahab, activando así el plan de Dios para su vida. Cuando tú y yo reconocemos la soberanía de Dios en nuestras vidas, entregándole a Él el control, el plan que Él tiene diseñado para nosotros se activa y, día a día y sin demora, nos vamos acercando a esa manifestación que tanto esperamos.

CAMBIAR NUESTRA MANERA DE PENSAR

La Palabra de Dios nos exhorta en Romanos 12 a renovar nuestros pensamientos continuamente. Esta renovación consiste en sustituir la forma de pensar carnal por pensamientos espirituales. De esta manera, llegamos a tener en nosotros la misma mente de Cristo.

Cuando esto ocurre dejamos de movernos y tomar decisiones que puedan alejarnos del plan de Dios, dando así paso a la manifestación de las promesas del Señor en nuestras vidas.

DECISIÓN Y ACCIÓN

Muchas personas creen que Dios es soberano pero, sin embargo, no toman ninguna acción al respecto. Aun la Carta de Santiago, capítulo 2, versículo 19, nos dice que *también los demonios creen, y tiemblan*. La diferencia radica en nuestra decisión seguida por una acción, activando así lo que hemos creído, lo que hemos confesado y el plan de Dios. Un ejemplo de decisión seguida por acción lo encontramos en el libro de Rut, capítulo 1, versículo 16, donde Rut exclama: *Tu pueblo será mi pueblo y tu Dios, mi Dios.*

Y de inmediato, siguió a su suegra Noemí hacia la tierra de Israel. Muchas veces, la revelación del plan de Dios llega hasta nosotros, pero la falta de acción evita que este sea activado en nuestras vidas.

TOTAL DEPENDENCIA

Para que el plan de Dios se active en nuestras vidas y sus promesas se manifiesten, tenemos que depender totalmente de Él y no apoyarnos en nuestras propias fuerzas y en nuestro entendimiento humano.

Cuando David se enfrentó al gigante Goliat no confió en su propias fuerzas o en su experiencia previa, sino que expresó: *Tú vienes a mí con espada y lanza y jabalina; mas yo vengo a ti en el nombre de Jehová de los ejércitos* (1 Samuel 17:45).

El Apóstol Pablo, en su Epístola a los Filipenses, capítulo 4, versículo 13, escribió: *Todo lo puedo en Cristo que me fortalece.* En Cristo es donde tiene que estar toda nuestra dependencia. Todo lo que hacemos, debemos hacerlo bajo su total dependencia. Si deseamos ver el plan de Dios activado en nuestras vidas y sus promesas manifestadas, debemos depender de Él en aquellas áreas donde hemos sido llamados, como padres, como ministros, como profesionales o como hombres y mujeres de negocios.

PRIORIDAD

En Mateo 6:33 leemos: *Mas buscad primeramente el Reino de Dios y su justicia, y todas estas cosas os serán añadidas.* Para activar el plan de Dios en nuestras vidas tenemos que trabajar primeramente en su Reino, colaborar en su establecimiento y expansión.

Cuando nosotros ponemos la voluntad de Dios y los asuntos del Reino como prioridad en nuestras vidas, activamos su plan y Él nos bendice con las cosas que soñamos y que tenemos guardadas en nuestros corazones.

En el libro del profeta Hageo, capítulo 1, leemos cómo el Señor le envió un mensaje al pueblo de Israel a través del profeta. El mensaje era claro y les explicaba el porqué cada uno de ellos no había visto prosperidad en sus vidas.

El pasaje dice así: *Pues así ha dicho Jehová de los ejércitos: Meditad bien sobre vuestros caminos. Sembráis mucho, y recogéis poco; coméis, y no os saciáis; bebéis, y no quedáis satisfechos; os vestís, y no os calentáis; y el que trabaja a jornal recibe su jornal en saco roto.* ¿A que se debía todo esto? La respuesta la encontramos en el versículo 9: *¿Por qué? dice Jehová de los ejércitos. Por cuanto mi casa está desierta, y cada uno de vosotros corre a su propia casa.*

Los asuntos del Reino no eran una prioridad para el pueblo de Israel, como podemos ver en el libro de Hageo, por consiguiente no estaban disfrutando de las bendiciones de Dios en sus vidas.

De igual manera, cuando no le damos prioridad al Reino de Dios y su justicia en nuestras vidas, el plan divino se detiene y, junto con ello, la manifestación de sus promesas para nuestras vidas.

EL PROCESO

Cada uno de los elementos mencionados en cada capítulo de este libro son parte del proceso que Dios ha utilizado, y que yo misma he seguido, para traer la manifestación de muchas de sus promesas en mi vida.

Lamentablemente, tú y yo no somos iguales, nuestro pasado y nuestro presente son diferentes, y el plan de Dios en tu vida también es distinto del mío. Puede haber similitudes pero, al final, el Señor ha trazado un plan que es único y exclusivo para cada uno de nosotros, el cual te exhorto a buscar bajo mucha oración y ayuno.

Tal vez, no puedan aplicarse en tu vida todos del Señor en tu vida y disfrutar de la manifestación de todas las promesas que Él te ha dado.

BIOGRAFÍA

La Pastora y autora Delilah P. Crowder es originaria de Bayamón, Puerto Rico. Se convirtió al Señor en su adolescencia y ha predicado y enseñado la Palabra de Dios durante 27 años. Posee títulos en *Administración de Empresas, Teología Bíblica* y *Consejería Cristiana*.

Durante la época de los 90, se trasladó a los Estados Unidos y, a través del trabajo evangelístico y misionero, ha establecido doce iglesias en la Costa Este de ese país; iglesias que se han expandido a lo largo del centro y el oeste de los Estados Unidos, México y Centroamérica.

En los últimos seis años ha contribuido como asesora administrativa para más de 250 pastores, ministerios e iglesias en todos los Estados Unidos, a través de *El Asesor Ministerial*, de la cual es fundadora y presidenta. *El Asesor Ministerial* es una entidad sin fines de lucro dedicada al asesoramiento del cuerpo eclesiástico.

La Pastora Delilah continúa viajando y predicando en las iglesias hispanas y angloamericanas. Actualmente está radicada con su esposo, el Rev. Christopher Crowder, en Atlanta, Georgia.

OTRAS OBRAS DE LA AUTORA

DATOS DE CONTACTO

Para invitaciones y productos
visite nuestro sitio en la web:

www.delilahcrowder.com

www.ingramcontent.com/pod-product-compliance
Lightning Source LLC
Chambersburg PA
CBHW060840050426
42453CB00008B/770